MÁNAS Ó DÓNAILL

An Chéad Chló 2000
© Leabhar Breac 2000

Ealaín: Cian Mac Suibhne
Dearadh agus clóchur: Caomhán Ó Scolaí

Arna phriondáil ag Colour Books

Mánas Ó Dónaill

le Darach Ó Scolaí

LEABHAR BREAC

ÉIRE IN AIMSIR
MHÁNAIS UÍ DHÓNAILL

I gCaisleán Dhún na nGall ar an gcúigiú lá de mhí Iúil 1505 cailleadh an seantaoiseach Aodh Rua Ó Dónaill. Bhí ocht mbliana is seachtó slánaithe ag Ó Dónaill, agus níos mó ná leath a shaoil caite aige i gceannas ar Thír Chonaill. Taoiseach clúiteach a bhí ann. Chuir sé borradh is fás faoi Thír Chonaill agus leath sé cáil Mhuintir Dhónaill ar fud na hÉireann. Tar éis dó bás a fháil tugadh ón gcaisleán é go Mainistir Dhún na nGall chun é a adhlacadh sa mhainistir a thóg sé féin do mhanaigh Ord Naomh Proinsias. Chaoin na manaigh agus a mhuintir i séipéal na mainstreach é agus cuireadh a chorp sa reilig in aice láimhe.

I measc na ndaoine a bhí i láthair ar a shochraid bhí a mhac, Aodh Dubh, agus a mhac siúd, Mánas, gasúr cúig bliana déag. Cé go raibh

Mánas ró-óg le páirt a ghlacadh i bpolaitíocht Thír Chonaill thuig sé go maith go raibh gá le taoiseach nua a thógfadh áit a sheanathar, ach nach raibh aon duine fós roghnaithe ag an teaghlach.

Thapaigh a athair, Aodh Dubh, an deis. Chruinnigh sé arm mór agus thug sé aghaidh thar teorainn ar naimhde a mhuintire. Dhóigh sé agus chreach sé Tír Eoghain agus d'fhill sé go buacach ar Thír Chonaill. Tar éis dó an chreach a roinnt ar a chuid saighdiúirí agus ar a ghaolta, cuireadh fáilte mhór roimhe ag séipéal Chill Mhic Réanáin agus fógraíodh é ina thaoiseach.

Bhí Éire an t-am sin roinnte ina dtiarnais mhóra is bheaga, agus taoiseach i gceannas ar gach ceann acu. Bhí Tír Chonaill, in iarthuaisceart na tíre, ar cheann de na tiarnais ba mhó is ba láidre acu.

Bhí ceannas ag na Dónallaigh, nó na Dálaigh mar a tugadh orthu, ar Thír Chonaill ón 13ú haois. Bhí siad ar cheann de na teaghlaigh ríoga Ghaelacha a bhí in ann stair a muintire a leanúint siar go hardríthe Éireann agus, go deimhin,

chomh fada siar leis na chéad Ghaeil a tháinig go
dtí an tír.

Ba i mBéal Átha Seanaidh a bhí príomh-
chaisleán Uí Dhónaill. Caisleán mór daingean a
bhí ann a chosain an bealach ó dheas go Connacht
dóibh. Níos faide ó thuaidh ar an gcósta bhí an
caisleán láidir a thóg Aodh Rua i nDún na nGall,
agus intíre bhí Caisleán Loch Iascaigh.

Ba i gcúirt Uí Dhónaill i mBéal Átha Seanaidh a
tógadh Mánas. Bean de mhuintir Bhaoill ba ea a
mháthair. Bhí deartháir amháin aige, Aodh Buí,
agus, tharla go raibh a athair pósta cúig huaire, bhí
triúr leasdeartháireacha déag aige. Ní fios cé méid
deirfiúracha a bhí aige.

Ó laethanta a óige i gcaisleáin a sheanathar bhí
Mánas i gcomhluadar breithiúna, filí, ceoltóirí,
agus lucht léinn is eaglaise, chomh maith le
saighdiúirí agus taoisigh na tíre. Mar ógánach ar
bith eile de na teaghlaigh mhóra Ghaelacha i
ndeireadh na 15ú haoise, múineadh marcaíocht
capall is seilg do Mhánas, agus comhrac claímh is

lámhach gunna, chomh maith le scríobh agus léamh. Ach ón uair a tháinig a athair i gceannas ar Thír Chonaill, tosaíodh ar Mhánas agus a chuid deartháireacha a réiteach chun a áit a thógáil mar thaoiseach ina dhiaidh.

Ba i ndeisceart agus in oirthear Thír Chonaill ba mhó a bhí na Dálaigh. Thart timpeall orthu bhí na teaghlaigh mhóra Chonallacha eile a bhí faoina smacht: Clanna Shuibhne Gallóglach is Muintir Bhaoill le cósta, agus Muintir Ghallchóir thart ar Ráth Bhoth.

Ní dóigh gur Suibhneach a bhí sa duine a chum an seanfhocal ag cur síos ar na Conallaigh, 'mórtas Dálach, boige Baollach, feall Chlann tSuibhne agus córtas Gallchóireach'! Ach bhí tábhacht ar leith ag baint le Clann tSuibhne mar gur gallóglaigh a bhí iontu – saighdiúirí oilte a throideadh in arm Uí Dhonaill.

Taobh amuigh de Thír Chonaill, bhí ceannas ag na Dálaigh ar Inis Eoghain agus ar Fhear Manach, ina raibh na taoisigh Ó Dochartaigh agus

Mag Uidhir, chomh maith le cuid mhór de Thuaisceart Chonnacht. Níos faide ó dheas i nDeisceart Chonnacht agus i dTuamhain bhí na Búrcaigh agus na Brianaigh, sean-naimhde Uí Dhónaill.

Ar theorainn thoir Thír Chonaill bhí Tír Eoghain. B'iad Muintir Néill taoisigh Thír Eoghain. Teaghlach mór láidir a bhí sna Niallaigh a bhí in iomaíocht leis na Dálaigh i gCúige Uladh. Bhí na tailte a bhí ar an teorainn eatarthu ina chnámh spairne idir Niallaigh agus Dálaigh le fada an lá, agus ba mhinic iad ag troid dá bharr.

Faoi cheannas láidir sheanathar Mhánais, Aodh Rua, neartaíodh an teaghlach go mór. Le linn a óige dó, chonaic Mánas cumhacht na nDálach á leathnú i gCúige Uladh agus i gConnacht, agus Tír Chonaill ag teacht chun cinn mar thiarnas nua-aimseartha Eorpach.

Ar go leor bealaí ba chosúla Tír Chonaill le stát Eorpach ná le tiarnas Gaelach. Sna tiarnais Ghaelacha eile bhí a dtaoisigh fós á n-insealbhú i searmanais phágánacha mar a dhéantaí leis na ríthe fadó roimhe sin, ach i dTír Chonaill bhí taoisigh Uí Dónaill á n-insealbhú san eaglais i gCill Mhic Réanáin, de réir nós na Mór-Roinne.

Cosúil leis na prionsaí Eorpacha, bhí rúnaithe agus ambasadóirí ag taoisigh Thír Chonaill, agus thug siad tacaíocht don eaglais agus don scolaíocht.

Faoina gceannas tógadh go leor caisleán agus mainistreacha i dTír Chonaill. Tugadh Ord Naomh Proinsias isteach ó mhór-roinn na hEorpa i 1474 agus tógadh mainistir mhór dóibh i nDún na nGall. Manaigh a bhí sna Proinsiasaigh a bhí nua-aimseartha ina ndearcadh. Chuir na Proinsiasaigh oideachas ar go leor d'uaisle Thír Chonaill agus bhí ceangal láidir idir iad agus ollscoileanna na Mór-Roinne.

Ceantar mór trádála ba ea Tír Chonaill freisin. Bhíodh trádálaithe agus iascairí ag teacht ann ó Albain, ó Shasana agus ón bhFrainc, agus bhí ionadaithe ag Ó Dónaill ag obair dó sna calafoirt mhóra thar lear.

Nuair a bhí Mánas fiche bliain d'aois chuaigh a athair ar oilthireacht go dtí an Róimh agus d'fhág sé Mánas i gceannas ar Thír Chonaill fad is a bhí sé imithe. Aistear fada a bhí ann thar farraige agus thar tír agus bhí Ó Dónaill imithe ar feadh bliana, rud a thug deis do Mhánas dul i gcleachtadh ar obair an taoisigh.

Cúpla bliain ina dhiaidh sin thug Aodh Dubh cuairt ar Rí Alban. I gcaitheamh an ama sin go léir bhí Mánas i mbun chúramaí a athar arís, ag troid go tréan in aghaidh Niallaigh Thír Eoghain san oirthear agus taoisigh Chonnacht sa deisceart.

Tháinig taoiseach nua, Conn Bacach Ó Néill, i gceannas ar Thír Eoghain sa bhliain 1519. Theastaigh ó Ó Néill deireadh a chur le cumhacht Uí Dhónaill, agus d'iarr sé cabhair ó Bhúrcaigh Chonnacht agus ó Bhrianaigh Thuamhan chun troid in aghaidh na nDálach. Sa bhliain 1522 chruinnigh na Brianaigh, na Búrcaigh, agus taoisigh Chonnacht, chun ionsaí aneas a dhéanamh ar Thír Chonaill, agus chruinnigh Ó

Néill a arm féin chun ionsaí a dhéanamh anoir.

Ghluais Ó Néill ar dtús in aghaidh chaisleán Bhéal Átha Seanaidh. Bhí garastún beag fágtha ag Ó Dónaill ann faoin gceannaire gallóglach Brian na gCabhlach Mac Suibhne. Throid an garastún go cróga ach ghabh na Niallaigh an caisleán uathu ar an aonú lá déag de Mheitheamh agus mharaigh siad an Suibhneach agus go leor dá chuid saighdiúirí.

Ghluais arm Uí Néill ó thuaidh trí Thír Chonaill ag loit is ag dó. Chruinnigh Ó Dónaill a chuid saighdiúirí agus chuaigh siad sa tóir orthu.

Saighdiúirí éadroma ar ar tugadh 'ceithearnaigh' ba mhó a bhí in arm Uí Dhónaill. Ní chaithidís armúr ná clogad, agus ba iad an tsleá agus an bogha is saighead na hairm ba choitianta a d'úsáid siad.

Ba iad uaisle Thír Chonaill a bhíodh sa mharcshlua. Chaitheadh na marcaigh clogaid agus cultacha armúir agus throididís ar mhuin capaill agus sleánna á n-iompar acu. I rith an chatha

thugadh an marcshlua tacaíocht do na ceith-
earnaigh agus, nuair a ruaigfí an namhaid, chuirtí
an marcshlua sa tóir orthu.

Ach ba ar na gallóglaigh ba mhó a bhraith Ó
Dónaill in aimsir chogaidh. Saighdiúirí gairmiúla
a bhí iontu sin. Chaithidís clogaid agus cótaí
armúir déanta as slabhraí iarainn, agus throididís
le tuanna móra catha. Gallóglaigh a bhí i gClann
tSuibhne agus bhí sé de dhulagas orthu líon mór
gallóglach a chur ar fáil d'arm Uí Dhónaill. Ba
mhinic freisin a d'fhostódh Ó Dónaill gallóglaigh
ó Chlann Dónaill sna Glinne nó ó thaoisigh
ghallóglacha na hAlban.

Nuair a bhí arm Uí Dhónaill cruinnithe chuaigh
Aodh Dubh agus Mánas sa tóir ar arm Uí Néill.
Bhí na Niallaigh ar a mbealach abhaile tar éis
dóibh Tír Chonaill a chreachadh nuair a tháinig
na Conallaigh orthu ina gcampa ar Chnoc an
Bhadhbha in aice leis an Srath Bán i dTír Eoghain.
Shocraigh Ó Dónaill ionsaí oíche a dhéanamh
orthu. Tharla nach bhféadfaí marcaíocht sa

dorchadas d'ordaigh sé do na huaisle a gcuid capall a fhágáil ina ndiaidh agus dul ag troid i gcuideachta na gcoisithe. Chiallaigh sé sin freisin dá dtiocfadh lagmhisneach ar na huaisle nach bhféadfaidís éalú, ach go gcaithfidís an fód a sheasamh. Troideadh cath fíochmhar fuilteach idir an dá arm sa dorchadas. Ar deireadh, bhí an bua ag Ó Dónaill agus fágadh os cionn naoi gcéad duine d'arm Uí Néill marbh ar pháirc an chatha.

Ghluais arm Uí Dhónaill ó dheas in aghaidh na gConnachtach ansin, agus tháinig siad orthu i Sligeach. Ach nuair a chonaic taoisigh Chonnacht na Dálaigh ag teacht, agus nuair a chuala siad gur bualadh na Niallaigh i gCath Chnoc an Bhadhbha, d'iompaigh siad ar a sála agus theith siad ó dheas gan aon troid a dhéanamh.

Bhí bua mór faighte ag Ó Dónaill agus Mánas ar naimhde Thír Chonaill de bharr chath Chnoc an Bhadhbha. Cé go mb'éigean na Niallaigh a throid, bhí údarás na nDálach i gConnacht neartaithe acu gan aon doirteadh fola.

Sa bhliain 1524 tháinig na Niallaigh ar ais ag iarraidh díoltais. Rinne arm mór Sasanach is Niallach ionsaí ar Phort na dTrí Namhad in aice le Leifear i dTír Chonaill. Chruinnigh Ó Dónaill arm chun cur ina gcoinne — slua mór gallóglach ó Albain ina measc. Tháinig an dá arm amach ar aghaidh a chéile san oíche agus shocraigh siad fanacht go maidin sula dtroidfidís.

An oíche sin fuair Mánas deis a chumas troda a thaispeáint. D'éalaigh sé féin agus buíon ghall-óglach amach sa dorchadas go dtí campa an namhad. Nuair a bhí saighdiúirí an namhad ina suí timpeall ar a gcuid tinte ag ithe is ag ól chaith gallóglaigh Mhánais cith saighead leo. Maraíodh go leor san ionsaí marfach — mac Uí Bhriain taoiseach Thuamhan ina measc — agus cuireadh an campa trína chéile. An mhaidin dár gcionn, in áit dul chun troda, shocraigh Ó Néill agus Fear Ionaid Rí Shasana gur fearr dóibh síocháin a dhéanamh le hÓ Dónaill.

Bhí cáil Mhánais ag leathadh mar shaighdiúir is mar ábhar taoisigh, agus b'fhada leis go mbeadh

Tír Chonaill faoina chúram féin. Ach ní raibh aon chosúlacht ar an scéal go raibh a athair chun ceannas na tíre a ghéilleadh dó. Cé go raibh Mánas ag éirí mífhoighneach lena athair shocraigh sé go bhfanfadh sé dílis dó fós.

Sa bhliain 1527 thóg Mánas caisleán mór láidir dó féin i bPort na dTrí Namhad, ceantar a bhí le fada roimhe sin ina chúis troda idir Dálaigh agus Niallaigh, agus ba ann a bhí cónaí air go ceann ocht mbliana eile. Bhí Mánas pósta le Siobhán Ní Néill, agus cé nach fios cé méid clainne a bhí ag Mánas, tá eolas againn ar sheachtar mac agus seachtar iníon díbh. Orthu sin bhí Rós, Mairéad, Eibhlín, Gráinne, Siobhán, Máire agus Nuala; agus ar na buachaillí bhí Niall Garbh, an Calbhach, Cafarr agus Aodh.

Cé nach raibh sé ina thaoiseach ar Thír Chonaill fós, bhí a chúirt féin ag Mánas i bPort na dTrí Namhad. Bhíodh filí, ceoltóirí agus lucht siamsa ag triail ar a theach, chomh maith le scoláirí is lucht léinn, agus chuireadh sé fleá is féasta ar fáil dóibh uile.

Bhí an-dúil ag Mánas san fhilíocht agus sa léann. Gné thábhachtach de shaol na nGael ba ea an fhilíocht. Cosúil le breithiúna dlí, dochtúirí leighis agus scoláirí staire, bhíodh filí gairmiúla fostaithe ag na teaghlaigh mhóra. Fir léannta a bhí sna filí a bhí oilte sa ghramadach, sa stair, sa ghinealach, sa scéalaíocht agus sa chumadóireacht. Théidís ag obair do na taoisigh éagsúla in Éirinn agus in Albain agus bhíodh sé de dhualgas orthu dánta a chumadh le ceiliúradh a dhéanamh ar ócáidí breithe agus pósta, comóradh a dhéanamh ar chathanna agus ar éachtaí na dtaoiseach, agus marbhna a dhéanamh in am an bháis.

Maireann lámhscríbhinní fós ina bhfuil dánta a chum filí do Mhánas, agus dán amháin ag ceiliúradh bua Mhánais in aghaidh Uí Néill ag Cnoc an Bhadhbha. Ba mhór an meas a bhí ag na taoisigh ar na filí agus ba mhór an luach saothair a d'fhaighidís ar a gcuid dánta. Ar dhán a chum an file Tadhg Mór Ó Cofaigh dó, bhronn Mánas fiche capall air mar luach saothair, chomh maith le corn airgid.

Is léir go raibh aithne ag Mánas ar go leor de na filí, agus is léir freisin go raibh acmhainn mhór grinn aige. Instear scéalta faoi féin agus file amháin acu go háirithe, Niall Mac an Bhaird. Bhí Niall ar dhuine den teaghlach fileata, Clann Mhic an Bhaird, a bhí mar ollúna — nó filí cúirte — ag na Dálaigh. Deirtear gur casadh Niall ar Mhánas nuair a bhí Niall ina bhuachaill óg agus gur aithin Mánas go raibh cumas ann. Chuir sé ar scoil é chun ceird na filíochta a fhoghlaim, ach bhí an buachaill an-leisciúil agus bhíodh Mánas i gcónaí ina dhiaidh air mar gheall air sin.

Tháinig Mánas ar cuairt ar Niall lá agus cantal air. Bhí an oiread mhífhoighne air nár bhac sé le teacht anuas dá chapall nó go raibh sé féin agus an capall leathbealaigh isteach sa teach.

'Cé tá istigh?' a d'fhiafraigh Mánas.

'Fear go leith is leathchapall,' an freagra a fuair sé.

Rinne Mánas gáire ansin agus d'imigh an cantal a bhí air.

Nuair a bhí Mánas lá sna Rosa casadh Niall

air. Thug sé litir do Niall agus dúirt sé leis an litir a bhreith chuig a bhailitheoir cíosa. Bhí Niall leisciúil agus ní dheachaigh sé i bhfad. Tharla go raibh a fhios aige go raibh an bailitheoir cíosa ag teacht an bhealaigh sin, shuigh Niall síos ar thaobh an bhóthair go dtiocfadh sé chomh fada leis. Tháinig an bailitheoir cíosa agus shín Niall an litir chuige. Nuair a léigh an fear an litir dúirt sé le Niall gur trua nár tháinig sé níos faide, mar go raibh sé ordaithe ag Mánas sa litir go dtabharfaí an talamh uile a bhí siúlta ag Niall an lá sin dó. De thoradh a chuid siúil ní bhfuair Niall bocht ach ceantar sna Rosa ar a dtugtar Leitir Mhic an Bhaird!

Ní dóigh go bhfuil aon fhírinne sa scéal, agus is cinnte nach bhfuil aon bhaint ag 'litir' Néill Mhic an Bhaird leis an áitainm 'Leitir Mhic an Bhaird', mar gur taobh cnoic nó rinn talaimh ag gobadh amach san fharraige atá i gceist le 'leitir'.

Ach oíche amháin chaill Mánas a chuid foighne leis an bhfile agus bhagair sé é a chur chun báis.

'Crochfaidh mé thú le solas na gealaí!' ar sé.

'B'fhearr liom é sin ná mé a chrochadh le rópa,' arsa Niall.

'Céard í an aisce a iarrfaidh tú roimh do bhás?' a d'fhiafraigh Mánas de.

'Do cheannsa a chur sa ghad liom,' arsa an file.

Rinne Mánas an oiread gáire nach raibh sé in ann a chara a chrochadh.

Cosúil leis na tithe móra eile sa tír, is cinnte gur bheag oíche ina chaisleán i bPort na dTrí Namhad nach mbíodh abhlóirí, crosáin is fir ghrinn ag baint gáire as an gcomhluadar, scéalta laochais á léamh os ard as leabhair lámhscríofa, nó dánta na bhfilí á n-aithris le tionlacan cláirsí.

Bhí meas ag Mánas ar an léann, mar a bhí ag a mhuintir roimhe. Sa bhliain 1522 cheannaigh a athair Leabhar Bhaile an Mhóta ó Chlann Donnchú ar chéad ceathracha bó. Leabhar lámhscríofa is ea Leabhar Bhaile an Mhóta, a mhaireann fós, ina bhfuil scéalta agus dánta chomh maith le tráchtas léannta ar an bhfilíocht. I measc na leabhar eile a bhí i seilbh Uí Dhónaill bhí Leabhar na hUidhre agus An Leabhar Gearr, chomh maith le cóip den leabhar cáiliúil staire, Cogadh Gael le Gaill (nó Cocad Gaedeal re Gallaib, mar a scríobhadh an uair sin é), ina raibh cur síos ar chogaí Bhriain Bóraimhe leis na Lochlannaigh.

Bhí lámhscríbhneoireacht bhreá néata ag Mánas féin. Maireann litreacha leis fós, agus a shéala pearsanta orthu — mac tíre agus lámh dhearg Uladh agus na litreacha M+OD. Ní dóigh gur fhreastail sé ar scoil filíochta, ach is cinnte go bhfuair Mánas scolaíocht sa léann mar ghasúr ó fhilí na cúirte. Agus is léir gur thug sé cluas don fhilíocht.

Cé nach raibh sé de nós ag na huaisle in Éirinn filíocht a chumadh, maireann roinnt dánta grá a chum Mánas féin. Ní dánta móra léannta i stíl na bhfilí a chumadh Mánas, ach dánta gearra grá nó rannta beaga grinn.

Nós é seo a bhí ag éirí coitianta i measc phrionsaí na Mór-Roinne. Bhí Lorenzo de Medici san Iodáil ag cumadh filíochta i gcanúint na Tuscáine. Bhí Pilip na Burgóine páirteach i scríobh 'Stair na Traí'. Agus bhí cairdeas idir Rí na Fraince, François I, agus an t-ealaíontóir agus eolaí Leonardo da Vinci. Cosúil leo siúd, ba phrionsa nua-aimseartha leathan-aigeanta Eorpach a bhí i Mánas a raibh dúil aige sa scoláireacht agus san fhilíocht agus a bhí mar chara ag lucht léinn is ealaíne.

Instear go leor scéalta grinn faoin gcairdeas a bhí idir Mánas agus manaigh Dhún na nGall. Bhí Mánas ina phátrún ag manaigh Ord Naomh Proinsias — thug sé cabhair airgid don mhainistir agus d'fhostaigh sé manaigh mar chomhairleoirí. Cé go raibh siad mór le chéile deirtear gur tharla míthuiscint eatarthu uair amháin. Bhí sé de nós ag Mánas bullán a chur mar bhronntanas chuig na manaigh ionas go mbeadh feoil acu don gheimhreadh, agus chuireadh na manaigh úlla óna n-úllord sa mhainistir mar bhronntanas ar ais chuige. Bliain amháin rinne Mánas dearmad an bullán a chuir chucu. Nuair a tháinig an fómhar chuir sé giolla chucu le capall is carr chun na húlla a bhailiú, ach d'fhill an giolla gan aon úll. Nuair a thuig Mánas nach bhfaighfeadh sé úlla ó na manaigh go bhfaighfeadh siadsan feoil uaidh ar dtús chum sé rann ina dtaobh:

'Na Bráithre i nDún na nGall

    a chuireann na crainn go tiubh,

ní thagann úlla ar a mbarr

    gan saill a chur lena mbun!'

Dár ndóigh, ba é an saill a thiocfadh ón bhfeoil a bhí i gceist ag Mánas sa rann!

I rann beag eile a chum sé bhí Mánas ag magadh go ceanúil faoi mhanach meisciúil, Aodh, a thit ina chodladh tar éis dó a bheith ag ól fíona:

'Bráthair bocht, brúite ó fhíon,

    ná dúistear é — cé gur chóir.

Gabh go ceansa lena thaobh,

    ligtear d'Aodh srannadh go fóill.'

I dtús na 1530dí, nuair a bhí ceathracha bliain slánaithe aige agus é gnóthach le cúrsaí na tíre, thug Mánas faoi obair mhór éachtúil, leabhar a scríobh faoi bheatha Naomh Colm Cille. Cé go raibh taoisigh eile in Éirinn a chum filíocht, ba é Mánas an t-aon duine acu a scríobh leabhar.

Tamall gairid ó chaisleán Mhánais i bPort na dTrí Namhad tá Doire Cholm Cille, an áit inar thóg Naomh Colm Cille a chéad mhainistir beagnach míle bliain roimhe sin. Conallach ba ea Colm Cille, duine de shinsear Mhánais, agus deirtear gur mar gheall air a troideadh Cath Chúil Dreimhne sa bhliain 561.

Tá sé ráite gur thóg Colm Cille leabhar beannaithe ar iasacht ó mhanach dárbh ainm Finnéan, agus go ndearna sé cóip di gan a chead. Nuair a insíodh d'Fhinnéan céard a bhí déanta ag Colm Cille d'iarr sé an chóip. Dhiúltaigh Colm Cille a chóip a thabhairt dó agus cuireadh an cás faoi bhráid an Ardrí Diarmaid. Is é an bhreith a thug an tArdrí, 'gurab leis gach boin a boinín, agus gurab leis gach leabhar a mhaic-leabhar' — nó i nGaeilge na linne seo, gur le gach bó a lao agus gur le gach leabhar a cóip. Dhiúltaigh Colm Cille glacadh leis an mbreith, agus chruinnigh sé a mhuintir in aghaidh an Ardrí agus troideadh Cath Chúil Dreimhne idir an dá arm.

Bhuaigh arm na gConallach, ach nuair a chonaic Colm Cille an sléacht uafásach a tharla mar gheall air féin bhí an oiread aiféala air gur shocraigh sé imeacht as Éirinn gan filleadh arís.

Cé gur imigh Colm Cille d'fhan an leabhar i dTír Chonaill ar feadh níos mó ná míle bliain. Ba ag an teaghlach Conallach, Clann Robhartaigh, a bhí seilbh an leabhair. Coinníodh i gcás adhmaid a bhí maisithe le hairgead í, agus tugadh 'an Cathach' mar ainm uirthi mar gheall ar an nós a bhí ag na Conallaigh í a bhreith leo chun catha. Nuair a bhíodh Ó Dónaill ag cruinniú a chuid sluaite roimh chatha thugadh Mac Robhartaigh leis an Cathach agus d'iompródh sé deiseal timpeall ar an arm trí huaire í, á taispeáint don slua agus ag iarraidh cabhair ó Cholm Cille sa chath.

Bhí na Dálaigh an-bhródúil as an ngaol a bhí acu le Colm Cille. Bhain sé lena sinsear féin agus ba é naomhphátrún na gConallach é. Ní hamháin gur bhain an Cathach leo, ach mheas siad go raibh cearta freisin acu ar áiteanna beannaithe a bhain le Colm Cille — suíomh na mainistreach i nDoire Cholm Cille, agus a áit dúchais i gCill Mhic Réanáin go háirithe.

Ní hiontas, mar sin, nuair a thug Mánas faoi shaothar léinn a scríobh gurb é Colm Cille an t-ábhar a roghnaigh sé. Ina chaisleán i bPort na dTrí Namhad rinne Mánas rud a bhí thar a bheith neamhghnách do dhuine d'uaisle na nGael, chruinnigh sé scoláirí agus fir léinn ina thimpeall agus chuir sé amach ag obair iad, ag cruinniú eolais dó le haghaidh an leabhair mhóir a bhí beartaithe aige ar bheatha an naoimh. Chuaigh siad ar thóir scéalta is piseoga a bhain le Colm Cille dó agus nuair a bhí an t-eolas cruinnithe i bPort na dTrí Namhad aige sa bhliain 1532 scríobh Mánas an bheatháisnéis chlúiteach, Beatha Cholm Cille.

Ina réamhra don leabhar scríobh Mánas: 'Bíodh a fhios ag lucht léite na Beatha seo gurb é

Mánas mac Aodha mhic Aodha Rua mhic Néill Ghairbh mhic Toirealaigh an Fhíona Uí Dhónaill a d'ordaigh an chuid a bhí i Laidin den Bheatha seo a chur i nGaeilge, agus a d'ordaigh an chuid a bhí go crua i nGaeilge a chur i mboige, ionas go mbeadh sí soiléar sothuigthe do chách uile. Thiomsaigh agus thionóil sé an chuid di a bhí spréite ar fud sheanleabhair Éireann, agus do dheachtaigh sé as a bhéal féin í, ar fháil saothair an-mhór uirthi agus ar chaitheamh aimsire fada léi, ag staidéar cé mar a chuirfeadh sé gach aon chuid di ina hionad cuí féin, amhail mar atá scríofa anseo thíos.'

Fiú agus Mánas i mbun scríbhneoireachta bhí sé sáite sa pholaitíocht i dTír Chonaill. Ní raibh ag éirí go maith idir é agus a athair. Bhí a athair ag dul in aois agus bhí Mánas féin os cionn ceathracha bliain d'aois. Mheas Mánas go raibh sé thar am ag a athair éirí as agus an ceannas a thabhairt dó féin. Ach ní raibh Ó Dónaill sásta éirí as. In áit géilleadh dá mhac choinnigh sé greim

santach ar an gcumhacht. Ar deireadh, d'éirigh
Mánas amach in aghaidh a athar agus ón am sin
amach bhí sé ina chogadh eatarthu. Chun Mánas
a smachtú d'iarr Ó Dónaill cabhair ó mhac eile
leis, Aodh Buí, agus chuaigh Aodh Buí chun troda
in aghaidh Mhánais le súil go bhfaighfeadh sé féin
greim ar an Tiarnas.

Ba ghearr go raibh sé ina chogadh dearg i dTír
Chonaill. Ghabh Aodh Buí Caisleán Bhéal Leice
sa deisceart, agus rinne Ó Dónaill ionsaí ó thuaidh
ar thailte a mhic fad a bhí Mánas ag dó agus ag loit
ó dheas.

Le linn na cogaíochta, sa bhliain 1535 cailleadh
Siobhán, bean Mhánais. Cé gur phós Mánas arís
ghoill a bás go mór air. Ceithre huaire a phós sé.
Tar éis bhás Shiobháin phós sé Éileanóir Nic
Cárthaigh. Phós sé Mairéad Nic Dhónaill ina
diaidh sin, agus ba iníon le Mag Uidhir an bhean
dheireanach a bhí aige. Chum sé roinnt dánta faoi
mhná, ceann acu ina gcuireann sé síos ar bhriseadh
croí:

Scaradh éin le fíoruisce
   'nós múchadh gréine gile
mo scaradh le sníomhthuirse
   tar éis mo chompáin chroí.

Lean an chogaíocht i dTír Chonaill. Ghabh Aodh Buí Caisleán Dhún na nGall agus bhí an taoide ag casadh in aghaidh Mhánais. Ach ar an 5ú lá de mhí Iúil 1536 tharla rud éigin a d'athraigh an scéal ar fad. Tar éis bliain is tríocha i réim i dTír Chonaill, cailleadh Ó Dónaill.

Tar éis dá mhuintir an seantaoiseach a chur i reilig na bProinsiasach i nDún na nGall chruinnigh siad le chéile chun taoiseach nua a thoghadh ina áit. De réir dlí na nGael, b'iad an dearbhfhine a roghnódh an taoiseach nua — b'iad sin na fir de Mhuintir Dhónaill a raibh a n-athair, a seanathair, nó a sin-seanathair, ina thaoiseach. B'iad sin amháin a bhí i dteideal a bheith ina dtaoisigh nó i dteideal taoiseach a roghnú.

Nuair a chruinnigh an dearbhfhine le chéile chun an taoiseach nua a roghnú, bhí Mánas agus a dhearthair, Aodh Buí, go mór i gceist sa toghchán,

chomh maith lena gcuid uncailí — deartháireacha an tseantaoisigh. Thug an dearbhfhine a mbreith agus, ar deireadh, thogh siad Mánas. Chuaigh sé féin agus a mhuintir i gcuideachta thaoisigh Thír Chonaill ansin go Cill Mhic Réanáin agus, de réir nós na gConallach, i searmanas mór poiblí sa séipéal chuir Ó Frighil, Comharba Cholm Cille, a bheannacht ar Mhánas agus d'fhógair sé é ina 'Ó Dónaill'. Chan cór eaglasta urnaithe ansin ag iarraidh beannacht Dé agus Cholm Cille ar a dtaoiseach nua.

D'fhág Mánas a chaisleán i bPort na dTrí Namhad faoi chúram Mhuintir Ghallchóir, agus thug sé aghaidh ó dheas ar Dhún na nGall agus ar Bhéal Átha Seanaidh chun ceannas a ghlacadh ar an Tiarnas.

Cé gur taoiseach nua-thofa a bhí ann, bhí sé bhliain is fiche caite ag Mánas i mbun cúramaí an Tiarnais dá athair. Ina thaoiseach dó, lean Mánas den obair a bhí déanta aige féin agus ag a athair agus a sheanathair roimhe. Faoina cheannas tháinig Tír Chonaill chun cinn mar thiarnas Eorpach, tháinig bláthú ar na hoird eaglasta, leanadh de thógáil na mainistreacha is na gcaisleán, agus tháinig fás ar Dhún na nGall mar phríomhchathair Thír Chonaill.

Chomh maith le caisleán Uí Dhónaill i nDún na nGall, bhí caisleán beag eile anois ann, mainistir Proinsiasach, ospidéal de chuid an oird chéanna, faiche aonaigh, agus baile beag a bhí ag fás de réir a chéile. Lárionad a bhí ann don Tiarnas ina dtagadh trádálaithe agus taistealaithe ón iasacht ar cuairt, agus áit a bhí ann ina gcuireadh Mánas fáilte roimh thaoisigh agus ambasadóirí ó chéin is ó chóngar.

Ach bhí naimhde fós ag bagairt air. Cé gur cailleadh a dheartháir achrannach, Aodh Buí, d'éirigh uncailí Mhánais amach ina choinne. Bhí éad orthu leis agus theastaigh uathu duine díobh féin a bheith ina thaoiseach ina áit. Chuaigh Mánas san ionsaí orthu, thiomáin sé siar go dtí a gcrannóg ar Loch Ghleann Bheatha iad agus, tar éis cúpla ionsaí a dhéanamh ar an dún daingean a bhí acu ann, d'éirigh leis, ar deireadh, an chrannóg a scrios agus a ghaolta a ghabháil. Is beag trócaire a bhí aige dóibh. Chroch sé a uncail, Seán Loirg Ó Dónaill, agus choinnigh sé beirt eile, Éineachán agus Donncha, i ngéibheann.

Nuair a bhí Tír Chonaill go hiomlán faoina smacht bhí Mánas in ann a aird a dhíriú ar nithe a bhí ag tarlú thar teorainn. Bhí athruithe móra ag titim amach in Éirinn. Ní raibh Mánas i bhfad i réim nuair a bhí sé páirteach i gcomhcheilg agus in uisce faoi thalamh.

Bhí smacht ag Sasana ag an am ar an gceantar timpeall ar Bhaile Átha Cliath ar ar tugadh an Pháil agus ar bhailte na hÉireann. Chun a gcumhacht a mhéadú in Éirinn theastaigh ó Anraí VIII, Rí Shasana, na taoisigh mhóra Éireannacha a lagú — ní hamháin na taoisigh Ghaelacha, ach na tiarnaigh Normannacha chomh maith.

Sa bhliain 1533 d'éirigh an teaghlach ba chumhachtaí sa tír, Gearaltaigh Chill Dara, amach in aghaidh Shasana. Chuir Anraí VIII an t-éirí amach faoi chois gan trócaire agus chuir sé na ceannairí chun báis. Bhí na Sasanaigh chomh mór in éadan na nGearaltach gur theastaigh uathu an teaghlach iomlán — idir shean agus óg — a ghabháil. D'éirigh le hoidhre na nGearaltach, Gearóid Óg, gasúr dhá bhliain déag, éalú uathu agus b'éigean dá chairde é a choinneáil faoi cheilt ar na Sasanaigh a bhí ag iarraidh é a ghabháil.

Taca an ama sin, bhí Anraí VIII Shasana tar éis briseadh leis an Eaglais Chaitliceach agus é féin a chur ar cheann na hEaglaise i Sasana. Cé go raibh glacadh leis i Sasana mar cheannaire na hEaglaise, d'fhan na hÉireannaigh, idir Ghaeil is Ghaill, dílis don seanchreideamh Caitliceach.

Tar éis dóibh an bua a fháil ar na Gearaltaigh chuaigh na Sasanaigh san ionsaí ar na taoisigh Ghaelacha agus chuir siad tús le leathnú an Phrot-astúnachais in Éirinn. Rinneadh géarleanúint ar Chaitlicigh, dúnadh mainistreacha agus cuireadh sagairt is manaigh chun báis. Ach, thosaigh na Gaeil ag troid ar ais agus d'fhás gluaiseacht

náisiúnta thart timpeall ar oidhre óg na nGear-
altach a bhí in aghaidh Shasana. D'oibrigh Mánas
go díograiseach ar son na gluaiseachta agus, chun
an gasúr a chosaint, shocraigh sé Eileanóir,
deirfiúir Iarla Chill Dara, a phósadh agus dídean a
thabhairt do Ghearóid Óg. Ba ghearr go raibh
ainm Mhánais in airde mar cheannaire na
gluaiseachta.

Chun na taoisigh Ghaelacha a thabhairt le
chéile in aghaidh Shasana, theastaigh ó Mhánas
síocháin a dhéanamh lena shean-namhaid, Ó
Néill. Thug Mánas cuairt ar Ó Néill i dTír
Eoghain, agus nascadh síocháin eatarthu, rud a
thug misneach do na taoisigh Ghaelacha eile.
Tháinig Ó Néill ina dhiaidh sin go Tír Chonaill,
áit ar chaith sé an Cháisc i gcuideachta Mhánais.
Ba le linn na cuairte sin, i Mainistir Dhún na nGall,
a pósadh Mánas agus Eileanóir Nic Gearailt. Go
deimhin, bhí ag éirí chomh maith sin le Mánas na
taoisigh eile a thabhairt le chéile gur chuir sé imní
ar rialtas Anraí VIII i mBaile Átha Cliath.

Sa bhliain 1539 rinne Ó Dónaill agus Ó Néill

ionsaí ar an bPáil in éineacht, agus dhóigh siad an Uaimh agus Baile Átha Fhirdhia. Ach ar an mbealach ar ais dóibh, ag tiomáint chreach mhór bheithíoch rompu, tháinig arm Shasana orthu ag Béal Átha hUa, taobh ó thuaidh de Bhaile Átha Fhirdia. Ní raibh na Gaeil ag súil leis an ionsaí, bualadh iad, agus scaipeadh an t-arm.

In ainneoin na tubaiste sin, d'éirigh le harm Mhánais Caisleán Shligigh a bhaint d'Ó Conchúir, rud a neartaigh smacht Uí Dhónaill ar Chonnacht go mór.

Cé gur lean an cogadh cúpla bliain eile bhí an misneach caillte ag na taoisigh. Faoin mbliain 1540 bhí deireadh leis an ngluaiseacht. D'imigh an Gearaltach óg chun na Mór-Roinne, d'fhill an Bantiarna Eileanóir ar a muintir, agus rinne furmhór na dtaoiseach síocháin le Rí Shasana, Mánas ina measc.

Chuaigh Fear Ionaid an Rí go dtí an Cabhán chun casadh le Mánas. I lár locha a bhí an cruinniú acu, agus d'fhan a gcuid saighdiúirí ar an dá bhruach. Tháinig Mánas trasna an locha i mbád chuige — é feistithe ar an nós Eorpach i gcóta veilvite corcairdhearg is óir, clóca corcairdhearg sróil, agus cleite ina chaipín dubh aige — agus ina chuideachta bhí séiplíneach óg stuama léannta a fuair oiliúint sa Fhrainc. Rinne Mánas síocháin leis na Sasanaigh agus d'fhógair go raibh sé sásta géilleadh do Rí Shasana.

Faoin scéim 'Géilleadh agus Athbhronnadh' ghéill Mánas Tír Chonaill do choróin Shasana agus bhronn Anraí VIII an Tiarnas ar ais air. Réiteach siombalach a bhí ann a cheadaigh do Anraí VIII 'Rí Éireann' a thabhairt air féin. D'fheil sé go mór do Mhánas mar gur thacaigh na Sasanaigh leis na Dálaigh in aghaidh a gcomharsana, na Niallaigh, a bhí ag troid arís leis mar gheall ar Inis Eoghain agus ar an gceantar teorann a bhí timpeall ar Phort na dTrí Namhad.

Ach má d'éirigh leis déileáil leis an namhaid thar teorainn bhí fadhbanna eile roimh Mhánas sa bhaile. Sa bhliain 1543 d'éirigh a mhac, Aodh, amach ina aghaidh. Mar a tharla idir Mánas agus

a athair roimhe seo, bhí a mhac féin anois ag iarraidh an Tiarnas a bhaint de. Thóg dream de Mhuintir Ghallchóir páirt Aodha in aghaidh Mhánais. Ghabh Cathair Ó Gallchóir caisleán Phort na dTrí Namhad — an caisleán a thóg Mánas féin — agus dhíbir sé oifigigh Mhánais as. Chruinnigh Mánas agus mac eile leis, an Calbhach, arm agus d'ionsaigh siad an caisleán. Caisleán láidir a bhí ann. Maraíodh go leor san ionsaí, ach theip orthu é a ghabháil. Go gairid ina dhiaidh sin d'éirigh le Mánas príosúnach a dhéanamh de Chathair Ó Gallchóir, ach fós ní ghéillfeadh na Gallchóraigh an caisleán dó.

Ar deireadh, chuir Mánas an Calbhach go Baile Átha Cliath ag iarraidh cabhair ó na Sasanaigh. Tharla go raibh Mánas tar éis a dhílseacht do Rí Shasana a fhógairt, agus go raibh Rí Shasana tar éis aitheantas a thabhairt do Mhánas mar thiarna ar Thír Chonaill, bhí cabhair dlite dó chun smacht a choinneáil ar an Tiarnas. Chuir na Sasanaigh complacht saighdiúirí ó thuaidh chuige le gunnaí móra chun an caisleán a thógáil. Tar éis do na Sasanaigh Cathair a mharú — agus é ceangailte i slabhraí acu taobh amuigh den chaisleán — ghéill na Gallchóraigh, theith Aodh as Tír Chonaill agus tugadh Port na dTrí Namhad ar ais do Mhánas.

Bhí an tsláinte ag cur as do Mhánas faoin am seo, agus bhí an Calbhach, an mac a bhí dílis dó go dtí seo, ag iarraidh go n-éireodh sé as ceannas an Tiarnais agus go ligfeadh sé dó féin bheith ina thaoiseach ina áit. Ní ghéillfeadh Mánas dó. Mar a tharla idir Mánas agus a athair, agus idir Mánas agus a mhac féin, Aodh, bhí sé féin agus an Calbhach anois in adharca a chéile.

Sa bhliain 1548 d'éirigh an Calbhach amach in aghaidh Mhánais. Le cabhair ó Mhuintir Chatháin, d'fhógair an Calbhach cogadh ar a athair. Tháinig arm Mhánais ar shaighdiúirí an Chalbhaigh, bhuaigh sé cath air agus maraíodh Ó Catháin agus go leor eile. Tháinig an Calbhach slán as an gcath agus lean sé den chogaíocht in aghaidh a athar.

Ar deireadh, nuair a bhí ag teip air an ceann is fearr a fháil ar Mhánas, sa bhliain 1555, chuaigh an Calbhach go hAlbain agus phós sé iníon leis an taoiseach Albanach, Giolla Easpaig Donn Mac Cailín, Iarla Oirear Gael. Saighdiúirí gallóglacha a bhí i gClann Chailín. Chuir Giolla Easpaig Donn arm gallóglach ar fáil don Chalbhach agus gunna mór ordanáis ar ar tugadh an Gunna Cam. Tháinig siad i dtír in Éirinn faoi Shamhain agus bhain siad úsáid as an nGunna Cam in aghaidh chaisleáin Mhánais. Lena arm gallóglach ghabh an Calbhach Mánas, rinne sé príosúnach de, agus thóg sé ceannas Thír Chonaill uaidh.

Tugadh Mánas ar ais go dtí a chaisleán i bPort na dTrí Namhad, áit ar chónaigh sé mar phríosúnach ag a mhac go dtí a bhás ar an 9ú lá de mhí Feabhra 1563. Go tráthúil, ba i measc na sean-chairde a raibh an oiread sin geana aige orthu agus a ndearnadh sé an oiread magadh fúthu a cuireadh ar deireadh é, i Mainistir Dhún na nGall.

Cé nach bhfuil aon rian fanta de chaisleán Phort na dTrí Namhad, ná de mhórán eile de

shaothar tógála Mhánais Uí Dhónaill, maireann dornán dán dá chuid chomh maith leis an saothar mór litríochta, Beatha Cholm Cille. Maireann freisin cuimhne air mar phrionsa mór Gaelach a raibh fís Eorpach aige dá thír, ach, níos tábhachtaí, b'fhéidir, maireann a chuimhne sna scéalta grinn a instear faoi fós i measc a mhuintire i dTír Chonaill.

Scéalta Staire
MÁNAS Ó DÓNAILL
SEÁN Ó NÉILL
TOIREALACH Ó CEARÚLLÁIN

ar fáil ó:
Leabhar Breac,
Indreabhán, Conamara
091-593592